RÉPERTOIRE NUMERIQUE

DES

Archives de l'Arrondissement Maritime de Brest

OUVRAGE PUBLIÉ SOUS LA DIRECTION
DU SERVICE HISTORIQUE DE L'ÉTAT-MAJOR DE LA MARINE

ARCHIVES DE LA MARINE

R. PRIGENT

ARCHIVISTE-PALÉOGRAPHE
ARCHIVISTE DU 2ᵉ ARRONDISSEMENT MARITIME

Répertoire Numérique

DES

Archives de l'Arrondissement Maritime de Brest

SÉRIE L

CONTROLE DE L'ADMINISTRATION DE LA MARINE

PARIS
SOCIÉTÉ D'ÉDITIONS
GÉOGRAPHIQUES, MARITIMES ET COLONIALES
Ancienne Maison CHALLAMEL Fondée en 1839
17, Rue Jacob (VIᵉ)

1925

OUVRAGE PUBLIÉ SOUS LA DIRECTION
DU SERVICE HISTORIQUE DE L'ÉTAT-MAJOR DE LA MARINE

ARCHIVES DE LA MARINE

R. PRIGENT

ARCHIVISTE-PALÉOGRAPHE
ARCHIVISTE DU 2ᵉ ARRONDISSEMENT MARITIME

Répertoire Numérique

DES

Archives de l'Arrondissement Maritime de Brest

SÉRIE L

CONTROLE DE L'ADMINISTRATION DE LA MARINE

PARIS
SOCIÉTÉ D'ÉDITIONS
GÉOGRAPHIQUES, MARITIMES ET COLONIALES
ANCIENNE MAISON CHALLAMEL FONDÉE EN 1839
17, Rue Jacob (VIᵉ)

1925

RÉPERTOIRE NUMÉRIQUE

des Archives du 2ᵉ Arrondissement Maritime

SÉRIE L

CONTROLE DE L'ADMINISTRATION DE LA MARINE

AVANT-PROPOS

L'Inspection, faisait remarquer Boursaint, remonte à l'origine de l'établissement naval. En effet, dans le premier arsenal installé en France, le Clos des Galées de Rouen, un contrôleur fut adjoint au garde du Clos dès les premières années du règne de Charles VI (1). Le Clos fut détruit par les Anglais en 1419, mais les contrôleurs reparaissent sous François Iᵉʳ et Henri II (2) Henri III, dans l'édit sur l'Amirauté (mars 1584), commença à préciser leur rôle. Sous Richelieu on trouve des « provéditeurs », qui constituaient un véritable contrôle mobile (3), tandis que l'Ordonnance du 29 mars 1631 créait dans les ports un contrôle fixe en établissant deux contrôleurs sous chaque commissaire général.

Colbert ne pouvait davantage « se passer d'un contrôle servant d'auxiliaire à l'action administrative » (4). Le règlement du 6 octobre 1674 définit nettement pour la première fois le rôle du contrôleur (5). La grande Ordonnance du 15 avril 1689, au

---

(1) Charles de la Roncière, *Histoire de la Marine française*, t. I, 1899, in-8º, p. 403.

(2) V. particulièrement lettres patentes du 6 mai 1557 (François de Veillechèze de la Mardière, *L'Évolution historique du Contrôle de la Marine*, Poitiers, 1912, in-8º, pp. 20 et 209).

(3) Ch. de la Roncière, *op. cit.*, t. IV, p. 583.

(4) Théodore Ducos, Ministre de la Marine, dans le rapport qui précède le décret du 12 janvier 1853 sur l'inspection des services administratifs de la Marine, *B. O.*, p. 13.

(5) E. Grasset et E. Picanon, Le Contrôle de la Marine (*Revue maritime et coloniale*, t. XCI (1886), pp. 226 et sq.).

titre IV du livre XII (1) ne fera guère que reproduire dans un ordre différent le détail des attributions du contrôleur tel qu'il était déjà indiqué dans le règlement de 1674.

Subordonné à l'Intendant, le Contrôleur n'était pas encore à cette époque devenu le représentant du Secrétaire d'Etat, mais déjà cependant il pouvait correspondre directement avec lui puisqu'il était tenu, d'après l'Ordonnance de 1689 (article 22), de lui envoyer à la fin de chaque année le registre de la recette et dépense qui aurait été faite dans le port. Le règlement du 14 novembre 1678 pour la forme des acquits du trésorier avait posé formellement la même obligation, à laquelle les contrôleurs devaient se conformer « à peine d'être révoqués de leur commission » (2). Néanmoins le Contrôleur se trouvait dans une position difficile, partagé entre le désir de s'acquitter consciencieusement de son devoir et la crainte de déplaire à l'Intendant. Jérôme Phélypeaux, comte de Pontchartrain, après une visite au port de Brest, pouvait écrire le 12 août 1694 à son père Louis, Secrétaire d'Etat de la Marine : « Le sieur de Clairambault, contrôleur, entend parfaitement bien tous les détails du port ; il est appliqué, fidèle et désintéressé, mais l'appréhension qu'il a de déplaire à M. Desclouzeaux (Intendant à Brest) fait qu'il demeure presque sans action dans le port... » (3).

Les Contrôleurs avaient été choisis parmi les Commissaires, principe qui fut officiellement reconnu dans l'article 8 de l'Ordonnance du 23 mars 1762. Ce fut la règle tout au moins pour les départements de Toulon, Brest et Rochefort (4). Une nouvelle Ordonnance du 25 mars 1765 (titre 30 du livre V) reproduit à peu près l'Ordonnance de 1689. Dans les trois ports nommés plus haut, les Contrôleurs, en sus des appointements de leurs grades respectifs, obtinrent un supplément de 1.000 livres (article 26). Mais, par Ordonnance du 27 septembre 1776,

---

(1) L'Ordonnance est reproduite dans les *Annales maritimes*, 1847, partie officielle, p. 91.

(2) 1 L 39, f° 21 v°. Voir encore au f° 51 v°, un ordre du Roi du 27 mars 1680.

(3) Reproduit par F. de Veillechèze de la Mardière, *op. cit.*, pp. 42-43.

(4) 1 L 46, f° 106.

Lousi XVI supprima le corps des officiers d'administration de la Marine, dans le nombre desquels étaient compris les contrôleurs. Il rendit le même jour une autre Ordonnance créant un corps spécial de contrôleurs (1).

A partir du 1er décembre 1776 un Contrôleur de la Marine fut établi dans chacun des départements de Brest, Toulon, Rochefort, Le Havre, Dunkerque et Bordeaux. A Brest le Contrôleur reçut 4.000 livres d'appointements par an. Une décision du Ministre détermina ensuite la situation hiérarchique des Contrôleurs. A cause de l'importance de leurs fonctions, ils prendront rang immédiatement après l'Ordonnateur du port, « sans cependant, écrivait le maréchal de Castries le 24 octobre 1783, qu'ils puissent en remplir la place dans aucun cas, attendu que les fonctions de Contrôleur sont absolument opposées à celles de l'Ordonnateur » (2). Ce passage est exactement reproduit dans une lettre ministérielle du 25 août 1786, et le maréchal de Castries ajoutait : « L'intention du Roi est que le Contrôleur soit absolument indépendant ; que son inspection universelle soit exercée dans toute son étendue. » (3)

Si l'on a pu dire de l'Ordonnance du 27 septembre 1776 qu'elle constitue la première charte du corps du Contrôle, il reste cependant que le Décret du 21 septembre 1791 (4) a défini le premier le droit de critique du Contrôle. Désormais, dans l'inspection de l'Arsenal, en ce qui concerne l'emploi des hommes et des matières, le Contrôleur pourra « requérir ou remontrer ce qu'il avisera, rendre compte au Ministre de ses réquisitions et remontrances s'il n'y était fait droit, sans qu'il puisse arrêter ni suspendre l'exécution d'aucun ordre de l'Ordonnateur... » L'importance du Contrôleur grandit. Il est devenu indépendant de l'Ordonnateur dans les détails d'inspection. Le dépôt

---

(1) *Ordonnances du Roi... du 27 septembre* 1776. Paris, Firmin Didot, 1814, in-4º, p. 127, ordonnance portant établissement de Contrôleurs de la Marine.

(2) 1 L 48, fº 135 vº, copie de la lettre du Ministre à Prévost de Langristin, Commissaire général au port de Brest.

(3) Archives du 2e arrondissement maritime, Série E, Lettres de la Cour, mai-août 1786. Lettre intéressante dans laquelle l'Ordonnance de 1776 est interprétée en ce qui concerne les fonctions du Contrôleur de la Marine.

(4) *Recueil des Lois relatives à la Marine*, t. II, pp. 309-310.

des « minutes des marchés, états de recettes et fournitures, comptes de dépenses et de recettes, plans et devis, lois, ordonnances, brevets et ordres du Roi relatifs à la Marine » lui est confié. Enfin secrétaire depuis 1776 du Conseil de Marine il y assiste désormais avec voix représentative. Le décret du 2 brumaire an IV (24 octobre 1795) lui accordera exceptionnellement voix délibérative sur les questions de marchés et d'adjudications (1). D'ailleurs les contrôleurs sont tenus d'assister au Conseil, dans lequel ils tiennent « la place des commissaires du Directoire exécutif près les administrations civiles ; ils y remplissent les mêmes fonctions ; les uns et les autres ont droit de représentation, de réquisition ; les uns et les autres font essentiellement partie de l'Administration et du Conseil auxquels ils sont attachés » (2). Relevons aussi ce passage intéressant dans les instructions ministérielles sur la comptabilité des ports du 29 frimaire an VI (19 décembre 1797). Le Contrôleur « ne doit viser aucun paiement à la décharge des trésoriers particuliers de la Marine qu'après que l'Ordonnateur ou Commissaire principal l'aura vu et approuvé, car s'il précédait l'Ordonnateur dans son inspection, il ne contrôlerait plus. Le Contrôleur est et doit être l'observateur général de toutes les parties administratives de la Marine ; aucune ne doit être soustraite à ses regards » (3).

II

Le Contrôle, Boursaint le constatait, ne s'est exercé longtemps que sur les écritures, sur les calculs, sur les choses de détail. Mais le gouvernement consulaire chercha dans l'institution du contrôle le contrepoids qui lui était nécessaire pour modérer, sans l'affaiblir, l'autorité du préfet maritime. Il voulut que le Contrôle « tout en continuant de surveiller les formes du service, étendît sa vigilance au service lui-même, et à tous

---

(1) *Recueil des Lois relatives à la Marine*, t. VI, p. 31.

(2) Copie d'une lettre du Ministre au Contrôleur sur la question de savoir si le Contrôleur de Marine doit assister au Conseil d'administration quand il est réuni en tribunal de police correctionnelle (8 ventôse an VI-26 février 1798), 1 L 49, f° 100.

(3) *Recueil des Lois relatives à la Marine*, t. VIII, p. 147.

les agents actifs du service, à commencer par le Préfet maritime : il le modifia donc en ce sens, et il produisit l'Inspection » (1). L'Inspection de la Marine fut fondée par l'acte constitutif du 7 floréal an VIII (27 avril 1800) sur l'organisation de la Marine (2). Des inspecteurs entièrement indépendants de toute autorité locale furent établis dans les ports, et ces représentants directs du pouvoir central eurent le droit de tout voir et examiner, afin de rendre compte au Ministre de la Marine, et à lui seul, des résultats de leur inspection.

Par l'Ordonnance du 29 novembre 1815 (3) Louis XVIII rétablit l'organisation de 1776, mais en se bornant à rendre à l'Inspection son ancien nom de Contrôle. Le Contrôleur conserva toutes les attributions de l'Inspecteur de l'an VIII. Au contraire l'Ordonnance du 17 décembre 1828 sur le service des Ports (4), rendue en exécution de celle du 27 décembre 1826 portant rétablissement des préfectures maritimes, mit des restrictions à l'indépendance de l'Inspecteur, de nouveau désigné de ce nom. Pour la première fois une Ordonnance requit l'Inspecteur de veiller à l'exécution des ordres du Préfet maritime (titre V, art. 68), auquel il fut subordonné. D'autres articles chargèrent sans nécessité le service de l'Inspection d'attributions administratives. C'était un nouveau pas vers la suspension de l'Inspection ; cette mesure fut effective lorsque l'Ordonnance du 3 janvier 1835 institua un corps du Commissariat de la Marine, qui provenait de la réunion des deux corps de l'Administration et de l'Inspection en un seul service à la tête duquel fut placé un Commissaire général (5).

III

L'Ordonnance du 14 juin 1844 rétablit l'Inspection sous le nom de Contrôle (6). Elle institua dans les ports un Contrôle

---

(1) *Ecrits divers de P. L. Boursaint recueillis et publiés par Blanchard*, Paris, 1837, in-8°, p. 219, mémoire sur l'Inspection de la Marine (juillet 1832).

(2) *Recueil des Lois relatives à la Marine*, t. X, p. 235.

(3) *Annales maritimes*, 1816, 1re partie, p. 17.

(4) *Annales maritimes*, 1829, 1re partie, p. 1.

(5) *Annales maritimes*, 1835, partie officielle, p. 81.

(6) *Annales maritimes*, 1844, partie officielle, p. 627.

local et permanent exercé par un corps spécial de contrôleurs. Le Contrôleur, subordonné au Préfet maritime sous le rapport hiérarchique seulement, ne releva, pour l'exercice de ses fonctions, que de l'autorité du Ministre de la Marine avec qui il correspondait directement. D'après l'article 94 de l'Ordonnance, comme le Ministre le rappellera encore dans une circulaire du 6 septembre 1849 (1), « les irrégularités reconnues par le Contrôle dans un service sont l'objet d'un avertissement immédiat donné au chef de ce service ; elles ne sont signalées au Préfet maritime qu'en cas de besoin, et il n'en est écrit au Ministre par le Contrôleur en chef qu'autant qu'il n'y a pas été fait droit par le Préfet ». Le Contrôleur continua d'avoir l'enregistrement et le dépôt des lois, ordonnances, règlements, brevets, commissions, la copie des mémoires, plans et devis concernant les travaux des divers services jusqu'à ce que l'arrêté du 24 février 1853 (2) le déchargeât de ce soin. Le nouveau corps du contrôle fut organisé par l'Ordonnance du 21 décembre 1844, cependant que le règlement du 24 décembre 1844 déterminait l'uniforme de ses officiers. Les Ordonnances des 13 mai 1846 et 23 décembre 1847 corrigèrent quelques imperfections de détail de la nouvelle organisation. Le simple titre de Contrôleur répondant mal à la position du chef de ce service, l'Ordonnance de 1847 lui accorda le titre de Contrôleur en chef. En même temps elle réglait les grades et la provenance des officiers du Contrôle. Un décret du 12 janvier 1853 établit dans le département de la Marine un service d'Inspection administrative qui se divisait en Inspection mobile et en Inspection permanente dans les ports, arsenaux et établissements maritimes. Mais le 19 mai 1858, le Contrôle mobile fut supprimé. Depuis lors le Contrôle n'a pas vu modifier son organisation jusqu'en 1902.

IV

Les archives du Contrôle résident du port de Brest ont été rangées dans deux sous-séries. Dans la première (1 L) sont

---

(1) *Bulletin officiel de la Marine*, p. 557.
(2) *B. O.*, p. 154.

groupés les documents de la période de 1676-1835 ; la deuxième
(2 L) comprend les documents de la période postérieure à l'Ordonnance du 14 juin 1844 ; elle continuera de s'enrichir à mesure
que se feront les versements réglementaires, tandis que la première forme une série morte et, par suite, a pu recevoir une
numérotation continue.

Il faut attirer particulièrement l'attention sur deux collections de documents placés dans la sous-série 1 L : la collection
des Ordonnances et Règlements (1 L, 39-64) comportant mal-
heureusement quelques lacunes, et la collection des brevets et
commissions (1 L, 65-94) qui, parvenue à nous dans son inté-
gralité, nous fait connaître le personnel de la Marine employé
à Brest depuis 1676. Elles constituent donc une source abon-
dante et précieuse de renseignements pour l'histoire du port et
de l'arsenal. Même dans un instrument de travail aussi som-
maire qu'un répertoire numérique il était bon d'ajouter le détail
de quelques articles, afin de montrer la richesse et la variété de
ces deux collections. Les registres qui les composent sont pourvus
de tables alphabétiques ou méthodiques qui en rendent dès à
présent la consultation facile, en attendant qu'un inventaire
analytique mette mieux encore en lumière la valeur de documents demeurés jusqu'à présent entièrement ignorés (1).

------

(1) Pour le détail des attributions du Contrôleur au cours de l'histoire,
on recourra à l'ouvrage de M. Veillechèze de la Mardière. Il faut lire encore
*Le contrôle de l'Administration de la Marine devant l'opinion publique et
devant le Parlement, mémoires et documents réunis et annotés par C. Cha-
telain. Revue maritime,* avril-octobre 1903.) — La série L comprend
305 articles, savoir : 257 registres cotés 1 L 1-9, 14-137, 139-172, 197-
220, 237-247 ; 2 L¹ 1-2 ; 2 L² 1-44 ; 2 L³ 1-4 ; 2 L⁴ 1-4 ; — 48 cartons
cotés 1 L 10-13, 138, 173-196, 221-236, 248-250.

Liste des chefs du Service du Contrôle
ou de l'Inspection de la Marine du Port de Brest [1]
1675-1922

I. — Contrôleurs.

(1675–1800).

*28 décembre 1675-25 novembre 1680. Noël LE VASSEUR.

?-1er juillet 1699. Charles de CLAIRAMBAULT.

21 décembre 1699-*12 septembre 1705*. RICHEBOURG.

*27 juillet 1705-*18 octobre 1706*. LHOTELIER, commissaire de la Marine faisant fonctions de contrôleur.

*13 juillet 1706-*27 mai 1716*. Vincent-François MARIN.

* 7 mai 1716-*19 mai 1736*. DESLANDES.

*6 mai 1736-*22 août 1742*. CLAIRAMBAULT.

*7 octobre 1742-*23 avril 1744*. OLIVIER.

*1er janvier 1745-*13 janvier 1745*. GOUBERT.

*16 avril 1746-*26 janvier 1747*. BÉGON.

*1er mars 1747-*21 juillet 1755*. MICHEL DE CAZENEUVE.

*16 août 1755-*7 décembre 1761*. CHOQUET.

*1er février-1763-*14 août 1766*. MARCHAIS.

---

(1) Cette liste a été dressée à l'aide de renseignements puisés dans les registres L 1 39 à 94. Conformément aux instructions du Service central des Archives et Bibliothèques de la Marine, le nom de chaque Contrôleur est généralement accompagné de deux dates. La première est la date de prise de fonctions, sauf si elle est précédée d'un astérisque ; dans ce cas c'est la date de nomination ; la deuxième indique la date où le Contrôleur a cessé ses fonctions. Quand celle-ci n'a pu être établie on a relevé la date (imprimée en italique) où le fonctionnaire paraît pour la dernière fois dans les documents. La date où le fonctionnaire a quitté le service n'est pas indiquée lorsqu'elle se confond avec celle où son successeur l'a pris. — Le versement des archives du Contrôle étant limité à 1860, on a cependant prolongé la liste des Contrôleurs jusqu'à l'époque actuelle, mais en se bornant à indiquer la date de leur nomination.

Commissaire ordinaire de la Marine, désigné pour faire les fonctions de Contrôleur à Brest par ordre du Roi du 11 mai 1762, Marchais signe à partir du 11 juin 1762.

*1er septembre 1766. LAPORTE.

Jusqu'en 1776, les registres ne sont plus signés, sauf en quelques endroits, par Kerneizur, sous-Commissaire au Contrôle.

*1er septembre 1770. CASAMAJOR.

*1er septembre 1777. Puissant DE MOLIMONT.

*1er octobre 1792. BERNARD.

Etabli sous-Contrôleur le 13 août 1784 « pour aider le Contrôleur dans ses fonctions et pour le remplacer dans celles de Secrétaire du Conseil de marine », Bernard signe à partir d'octobre 1784 jusqu'au 4 prairial an IV (23 mai 1796).

*1er germinal an IV (21 mars 1796). THIVEND.

Nommé Contrôleur à Brest, ne suivit pas cette destination.

*26 germinal an IV (15 avril 1796)-*3 fructidor an VI (20 août 1798)*. Louis LÉGER.

*25 messidor an VI (13 juillet 1798). ROUSTAGNENQ.

II. — Inspecteur.
(1800-1815).

5 vendémiaire an IX (27 septembre 1800)-*31 décembre 1815*. Jean-Pierre JURIEN-DESVARENNES.

III. — Contrôleurs.
(1816-1828).

1er janvier 1816-*3 novembre 1817*. Charles-Marie FOURCROY de Guilerville, Contrôleur de 1re classe.

*10 décembre 1817. François-Charles SIMON, Contrôleur de 1re classe.

3 septembre 1822. Pierre-Charles BERNARD DE MARIGNY, Contrôleur de 1re classe.

IV. — **Inspecteurs.**
(1829-1835).

Bernard de Marigny, Inspecteur de 1re classe du 25 février
1829.

*4 octobre 1830. Pierre Charvet, Inspecteur de 2e classe.

Le 3 janvier 1835 Charvet ayant été admis à faire valoir ses
droits à la retraite, l'Inspecteur-adjoint Nielly prit la direction du service et en demeura chargé jusqu'à la suppression
du Contrôle (1er février 1835).

V. — **Contrôleurs.**
(1845-1847).

1er février 1845. Edme-Guillaume-Denis Roussin, Contrôleur
de 1re classe.

Pénaud, Contrôleur-adjoint, chargé du service par intérim pendant le mois de janvier 1845.

6 mai 1846. Auguste-Joseph-Hippolyte Redon, Contrôleur de
2e classe.

VI. — **Contrôleurs en chef.**
(1847-1853).

Auguste-Joseph-Hippolyte Redon, Contrôleur en chef de
2e classe (Ordonnance du 23 décembre 1847).

24 septembre 1849. Amédée Laimant, Contrôleur en chef de
2e classe.

VII. — **Inspecteurs en chef.**
(1853-1902).

Laimant, Inspecteur en chef de 2e classe (Décret du 12 janvier 1853).

6 décembre 1853. Augustin-François Lefranc, Inspecteur en
chef de 1re classe.

*27 décembre 1868. Joseph-Rodolphe ESCANDE, Inspecteur en chef de 1re classe.

*15 février 1870. Joseph-Alaric BABRON, Inspecteur en chef de 2e classe.

*7 janvier 1879. Charles-Philippe GLEIZES DE FOURCROY, Inspecteur en chef de 2e classe, puis (23 octobre 1880) de 1re classe.

*21 avril 1886. Edouard-Adolphe PORTIER, Inspecteur en chef de 1re classe.

*6 juin 1887. François-Ernest GRASSET, Inspecteur en chef de 2e classe.

*17 mars 1892. Emile-Jean-Marie CAMENEN, Inspecteur en chef de 2e classe.

*27 août 1892. Joachim-Jean-Marie MERLANT, Inspecteur en chef de 2e classe.

VIII. — Chefs du Contrôle résident.
(1902-1911).

MERLANT, Contrôleur général de 2e classe.

*18 août 1904. Eugène-Claude-Marie PRIGENT, Contrôleur général de 2e classe.

*23 octobre 1907. Olivier-Alexis-Marie THIERRY D'ARGENLIEU, Contrôleur général de 2e classe.

IX. — Contrôleurs généraux du 2e arrondissement.
(1911-1922).

THIERRY D'ARGENLIEU.

*15 août 1913. Henri-William GAIE, Contrôleur général de 2e classe.

*15 janvier 1918. André-Frédéric BOUJU, Contrôleur général de 2e classe.

1 L.

Contrôle ou inspection de l'Administration de la Marine au port de Brest (1876-1840).

*1–*9 (1). Enregistrement *in extenso* des lettres de l'Inspecteur au Ministre ..... An IV–1834

10–13.... Minutes des lettres du Contrôleur au Ministre ; aux autorités maritimes à Brest ; aux sous-contrôleurs ; — — des notes, opinions et ordres du Contrôleur ; — des lettres aux Commissaires des quartiers ; — des lettres aux particuliers 1819–1834

*14–*22.. Enregistrement *in extenso* des lettres écrites par le Contrôleur aux autorités maritimes du Port .... An IV–1834

Le volume 15 *bis* contient l'enregistrement *in extenso* de la correspondance secrète de l'Inspecteur et du Préfet maritime (1807-1809).

*23–*25.. Correspondance, notes et opinions du Contrôleur relatives au service des classes....................... 1816–1834

*26–*34.. Enregistrement *in extenso* des lettres de l'Inspecteur à divers......... An IV–1822

*35–*36.. Enregistrement *in extenso* des lettres

____

(1) Les volumes sont désignés par des astérisques, les autres articles sont des cartons.

adressées par le Contrôleur aux sous-Contrôleurs et agents du Contrôle du port et de l'arrondissement 1823–1829

*37–*38.. Notes du Contrôleur 1813–1822

*39–*64.. Enregistrement *in extenso* des Ordonnances et Règlements 1676–1837

Manquent les années 1785 à l'An V ; An XI ; 1814 ; 1817 à 1819.

*39 Fo 23. Ordonnance de l'Intendant de Seuil à observer dans l'arsenal en cas d'incendie (1679). — Fo 45. Etablissement d'un séminaire d'aumôniers de vaisseaux au Folgoët (1682). — Fo 75. Défense d'embarquer aucunes marchandises sur les vaisseaux qui vont à Siam (1867).

*40 Fo 31. Liste générale des officiers de Marine (1693). — Fo 73. Règlement sur le paiement des ouvriers et sur la police des ateliers du parc dans le port et arsenal de Brest (1693). — Fo 111. Liste générale des officiers de Marine (1695). — Fo 152. Copie de la lettre de Vauban au Roi sur la descente des Anglais et Hollandais à Camaret (1694).

*42 Fos 9, 14, 28, 114. Conditions accordées à Duguay-Trouin pour la construction de divers bâtiments (1706-1707). Ces pièces portent la signature autographe de Duguay-Trouin.

*43 Fo 214. Décision du Conseil de régence au sujet de la gratification accordée aux Jésuites du séminaire de Brest pour l'entretien de 20 aumôniers (1717). — *Passim* Listes d'aumôniers (1717-1724). — Fo 151. Déclaration du Roi concernant la pêche de la sardine en Bretagne (1718).

*44 Pièces diverses relatives au commerce des Iles. — Fo 64. Déclaration du Roi au sujet de la pêche de la sardine en Bretagne (1727). — Fo 144. Arrêt du Conseil concernant les parcs et

pêcheries qui sont sur les grèves du ressort de l'Amirauté de Brest (1733). — F° 199. Règlement pour l'Ecole de chirurgie à l'Hôpital royal de la marine à Brest (1740). — F° 275. Mémoire pour servir d'instruction concernant le service aux batteries de la côte (1747) (1).

*45 F°s 6-60. Lettres, règlements, arrêts relatifs aux chiourmes (1683-1749). — F° 88. Revues des officiers de marine, officiers mariniers entretenus, gardes de la marine, gardes du Pavillon à Brest (1749). — F° 110. Revue des officiers réformés, d'épée et de plume et autres entretenus à Brest (1749). — F° 167. Relation de ce qui s'est passé à Brest à l'arrivée et pendant le séjour du marquis de Paulmy, ministre de la guerre, 1754. — F° 218. Copie de la lettre du Roi à l'intendant Hocquart pour faire chanter le *Te Deum* après la victoire remportée à Saint-Cast par les troupes du duc d'Aiguillon, le 11 septembre 1758.

*46 F° 98. Lettre du duc de Choiseul à l'intendant Hocquart au sujet de l'arrangement de la Plume, et état des officiers de Plume du port de Brest (1762). — F° 106. Ordonnance du 23 mars sur les titres, le nombre et les appointements des officiers de Plume de la Marine. — F°s 166-176. Lettre du Ministre à Hocquart sur les officiers de Plume devenus officiers d'administration ; état des officiers d'administration et écrivains du port et département de Brest ; mémoire sur les élèves commissaires de la Marine ; Ordonnance du 25 mars 1765 concer-

---

(1) C'est la copie avec quelques différences d'un imprimé non signé, communiqué au Contrôle par l'Intendant et qui se trouve actuellement joint dans la série E à un mémoire manuscrit sur les batteries des côtes de Bretagne (1747).

nant les officiers d'administration et les écrivains.

*47 F⁰ 164. Etat des commissaires, contrôleurs et garde-magasins servant à Brest (1777). — F⁰ 171. Etat des intendant, commissaires, contrôleur et divers entretenus au département de ·Brest et au département de Lorient réuni à Brest (1777).

*48 F⁰ 87. Règlement particulier concernant l'ordre, la discipline et la police des casernes des matelots à Brest (1781). — Règlement pour l'établissement d'une école de médecine pratique à Brest (1783). — F⁰ 162. Ordonnance du 4 février 1782 concernant la constitution du corps royal de la Marine.

*49 F⁰ 25 v⁰. Arrêté du Directoire exécutif qui ordonne la construction d'un observatoire au port de Brest (An V). — F⁰ 129. Arrêté du Directoire exécutif qui ordonne au général Bonaparte de se rendre à Brest pour y prendre le commandement des armées de terre et de mer (An VI).

*50 F⁰ 22. Règlement sur l'organisation de la Marine du 7 floréal An VIII et arrêtés des consuls rendus sur la matière (Ans VIII et IX). — F⁰ 173. Arrêté des consuls concédant la mine de houille de Quimper à la Marine (An IX). — F⁰ 245. Arrêté des consuls sur la pêche à la baleine (An X).

*51 F⁰ 168 et *passim*. Règlements sur la police de la pêche de la morue à l'île de Terre-Neuve (An XI). — F⁰ 249. Réponse du Ministre à l'Inspecteur concernant l'établissement à Brest d'un port de commerce isolé de celui de l'Etat (An XI). — F⁰ 284. Arrêté du 1er prairial an XI portant formation d'une commission pour l'équipement, la réunion et la direction d'une flottille destinée à effectuer une descente en Angleterre.

Siam (1687). — Fo 40. Brevet de chi-
rurgien major dans l'hôpital de Siam
au Sr Petit (1687).

*67 Fo 78 vo. Commission de commandant
en chef à Brest et ses dépendances
pour Vauban, lieutenant général des
armées du Roi (1695).

*71 Fo 82 vo. Liste des commissaires géné-
raux, commissaires ordinaires de la
Marine, commis principaux et commis
ordinaires des Classes, écrivains généraux et écrivains ordinaires de la
Marine nommés pour servir à Brest
(1716).

*72-*74. *Passim* Listes des [aumôniers entretenus au Séminaire royal de la Marine
à Brest de 1725 à 1746.

*76 Fo 26. Liste générale des officiers de la
Marine du 1er août 1759.

*78 Fo 134. Liste arrêtée par le Roi des offi-
ciers généraux de la Marine, capitaines
et lieutenants de vaisseau, etc., en
exécution de la loi du 15 mai 1791.

*80 Fo 26. Organisation de l'administration
de la Marine à compter du 1er germinal An IV. — Fo 29. Organisation de
la Marine militaire. — Fo 53. Ingénieurs des Constructions du port [de
Brest (An IV).

*81 Fo 49. Copie de la lettre du Ministre du
2 thermidor An VIII annonçant la
nomination du préfet maritime Cafa-
relli. — Fo 79. Organisation du corps
des officiers du Génie maritime (An
IX). — Fo 102. Attributions et trai-
tements des Ingénieurs des Travaux
maritimes ; organisation de leurs bu-
reaux (An IX). — Fo 119. Etat des
officiers de Santé servant à Brest
(An IX). — Fo 262 et *passim*. Etat
des fonctionnaires civils qui doivent
être embarqués à Brest sur les bâtiments composant l'expédition destinée pour la Martinique et Tabago
(An X).

2 L.

Contrôle résident (1837-1887).

2 L¹. — LETTRES AU MINISTRE

*1-*2.... Enregistrement *in extenso* des lettres
adressées au Ministre 1845–1861

2 L². — LETTRES DU MINISTRE

*1....... Copies de dépêches ministérielles ... 1841–1844
*2....... Copies de dépêches et circulaires mi-
nistérielles ; règlements ; ordres pré-
fectoraux ; ordres du Contrôleur ;
dépêches ministérielles relatives au
Contrôle des hôpitaux ; lettres
adressées au Contrôleur 1845–1849
*3-*44... Originaux des dépêches ministérielles
adressées au Contrôleur en chef. —
Copies des dépêches adressées au
Préfet maritime................. 1845–1859

2 L³. — CORRESPONDANCE EXPÉDIÉE PAR LE CHEF DU SERVICE DU CONTROLE OU DE L'INSPECTION DE L'ARRONDISSEMENT

*1-*4.... Enregistrement *in extenso* de la correspondance générale adressée par
le chef du service du contrôle ou de
l'inspection de l'arrondissement aux
autorités maritimes et aux particuliers 1845–1860

2 L⁴. — ORDRES ET CORRESPONDANCE REÇUS PAR LE CHEF DU SERVICE DU CONTROLE ET DE L'INSPECTION DE L'ARRONDISSEMENT